INSTRUCTIONS

ET

RÈGLEMENT.

INSTRUCTIONS

ET

RÈGLEMENT

D'UNE MAISON D'ÉDUCATION,

PAR ÉDOUARD GACHET.

deuxième édition.

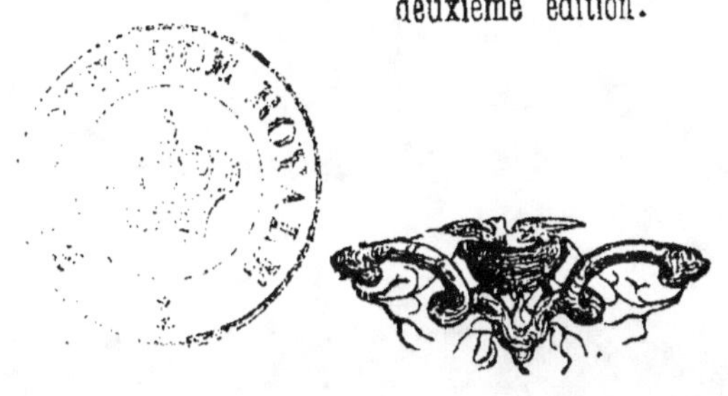

LILLE.

L. LEFORT, IMPRIMEUR – LIBRAIRE,

RUE ESQUERMOISE, 55.

1846.

DE QUELQUES RÈGLES

PARTICULIÈRES A L'INSTITUTION.

L'ÉDUCATION étant aux yeux du Directeur l'apprentissage de la volonté, une part est faite, dans les divers exercices, à la manifestation de la volonté et du zèle des élèves. Pour la préparation mentale des auteurs, les récitations et les questions les plus difficiles, les maîtres font toujours appel aux plus diligents.

Une classe par semaine (celle du jeudi matin) est consacrée à la récitation volontaire, et à la remise de tâches que les élèves se sont imposées eux-mêmes pour se fortifier dans les parties où ils sont le plus faibles. Les élèves peuvent aussi ajouter à leurs pensums des tâches volontaires qui témoignent de leur repentir.

Aucun travail n'est fait servilement et sans que les élèves s'en rendent compte. Tout ce qui est confié à la mémoire est préalablement lu et expliqué. La récitation doit en être intelligente et sentie, et des répétitions fréquentes en assurent la connaissance approfondie.

Les règles de grammaire sont l'objet d'applications immédiates.

Les élèves ne prennent point de notes écrites pendant la correction des devoirs, ils donnent toute leur attention à la classe et recommencent ensuite leur travail en le méditant de nouveau.

Aucune note ou dictée n'est prise sur des cahiers *brouillons*, ni aucun devoir fait sur feuille volante. On n'admet pas que les élèves puissent écrire tantôt négligemment, tantôt avec plus de soin. Les cahiers sont remis deux fois par jour au maître de la classe. On évite ainsi les habitudes de désordre et de griffonnage.

Les instructions religieuses sont accompagnées d'explications familières qui rappellent aux élèves leurs devoirs habituels et les leur font mieux comprendre.

Les maîtres saisissent toutes les occasions de développer la délicatesse et la générosité des sentiments. Les accusations des élèves contre leurs condisciples ne sont point tolérées. Les tâches imposées aux élèves en faute sont diminuées, si l'ordre général a été satisfaisant.

Les élèves nouveaux venus sont confiés aux meilleurs sujets qui leur font amitié et les habituent aux règles de la maison.

Les plus jeunes enfants prennent à part leur récréation.

Aux Maîtres et aux Élèves.

Au lieu de présenter aux jeunes gens un règlement sec, impératif, qui se bornât à prescrire des mesures d'ordre, à enregistrer un tarif de punitions et de récompenses, on a mieux aimé s'adresser à la raison et au cœur, et faire appel à tous les bons sentiments qu'il importe avant tout de cultiver et de fortifier.

C'est pour votre bien, chers élèves, qu'est rédigé ce règlement ; c'est pour vous faire prendre des habitudes d'ordre et de force morale. Puisse la volonté de chacun de vous s'unir avec amour à celle qui vous parle dans l'intérêt de tous ! Puissiez-vous ainsi ne faire qu'un avec vos maîtres et vos condisciples, et apprendre dès l'enfance à respecter et à aimer les lois qui vous protègent ! Puisse le divin Esprit, d'où découlent toutes les lumières, bénir ce travail, et lui faire porter des fruits de vie, de justice et de charité !

PRATIQUE.

Faire lire et commenter, chaque semaine , un chapitre du règlement.

Accorder, chaque semaine , des témoignages de satisfaction pour l'instruction religieuse , le travail , les leçons de mémoire , le travail volontaire , etc.

Afin de donner plus d'attention à la pratique de chaque vertu , exercer successivement les élèves sur l'amabilité, la conduite, l'ordre, le perfectionnement, de sorte que l'exercice sur la perfection revienne à chaque 5e semaine; indiquer à copier, comme tâche volontaire , l'instruction ou la pratique de la vertu mise à l'ordre de la semaine.

Faire apprendre les instructions par cœur.

NOTE DE LA 2.ᵉ ÉDITION.

Depuis trois ans, ce règlement est en vigueur dans le Pensionnat fondé par **M. Éd. Gachet.** Fruit d'une expérience de vingt ans d'enseignement , il continue, après la mort de son auteur, d'être appliqué sans autres modifications que celles qu'il avait indiquées lui-même.

Elèves et maîtres , mettons notre bonheur à faire encore sa volonté ! Quand nous pouvions le voir sur la terre, il nous y aidait par l'exemple de sa vie si laborieuse , si chrétienne. Aujourd'hui qu'il est dans le ciel , nous l'espérons, ne nous aide-t-il plus? son regard, son amour, ses conseils, ses encouragements ne nous suivent-ils pas plus que jamais?

H. LEFEBVRE.

CHAPITRE I.

Instruction religieuse.

INSTRUCTION.

Quàm magna multitudo dulcedinis tuæ, Domine, quam
abscondisti timentibus te!
Psalm. xxx. 23.

La religion catholique, pour ceux qui ont le bonheur de la bien comprendre et de la pratiquer géné-
reusement, est une source d'ineffables douceurs.
Présentée aux hommes par l'Eglise, qui est la plus
tendre des mères, quels titres n'a pas cette Religion
divine à notre confiance et à notre amour!

Si l'étude des vérités saintes semble quelquefois
aride, si l'accomplissement de certains devoirs de
pénitence ou de piété paraît pénible à plusieurs, c'est
qu'on ne s'y porte qu'à demi.

Le jeune homme qui s'y livrera de tout son cœur,
y trouvera une paix délicieuse, des secours tout

prêts contre les hideuses passions qui souillent et empoisonnent bien des existences, un trésor de patience et de force au milieu des peines et des contrariétés de chaque jour, une large compensation aux privations les plus sensibles, des grâces précieuses pour plier humblement sous l'autorité de ses parents et de ses maîtres, et même des lumières célestes pour le succès de ses études. Car le Dieu que nous servons est appelé le *Dieu des Sciences* [1].

C'est ce qui faisait dire à l'apôtre saint Paul *que la piété réunit tous les avantages, puisqu'elle a reçu* de magnifiques *promesses pour la vie présente, et qu'elle nous garantit en outre* les biens impérissables *de la vie future* [2].

O Maria, ô nomen sub quo nemini desperandum !

S. BERNARD.

PRATIQUE.

1. Etre pour ses condisciples un exemple d'édification. — Prier pour eux et pour ses maîtres.

2. Prier Dieu de sanctifier les travaux de chaque jour et inscrire en tête du devoir un verset de l'Evangile ou une sentence de l'Ancien Testament.

3. Redoubler d'attention, de zèle et de ferveur pour

[1] 1ᵉʳ Livre des Rois. Ch. II, v. 3.
[2] 1ʳᵉ Epître de saint Paul à Timothée. Ch. IV, v. 8.

tout ce qui se rapporte à l'instruction et à la pratique de la religion.

4. Consacrer à des œuvres de charité, selon son âge et ses moyens, une partie de l'argent dont on peut disposer.

5. Au commencement et à la fin de la prière, faire le signe de la croix. — Attendre en silence le signal pour l'exercice suivant.

6. Se munir de livres de piété les jours de Messe et d'Offices, et se rappeler pour s'y bien conduire que l'église est la maison de Dieu. — Assister de cœur au Saint Sacrifice. — Suivre sur le livre de prières toutes les parties de l'Office divin.

7. Si l'on arrive pendant la prière, entrer sans bruit et en attendre la fin avant de se rendre à sa place.

8. S'unir d'intention à la récitation de la prière; faire les réponses avec piété et recueillement.

CHAPITRE II.

Conduite.

INSTRUCTION.

LES petites fautes deviennent grandes et mons-
trueuses à nos yeux, à mesure que la pure lumière
de Dieu croît en nous, comme vous voyez que le
soleil, à mesure qu'il se lève, nous découvre la gran-
deur des objets que nous ne faisions qu'entrevoir con-
fusément pendant la nuit. (*Fénélon.*)

Si vous voulez vous bien conduire, vous devez
pratiquer la vérité, c'est-à-dire bien faire, non-seulement en présence de vos parents et de vos maîtres,
mais encore en leur absence. Représentez-vous que
vous êtes continuellement devant Dieu et qu'il connaît même toutes vos pensées.

Vous devez pratiquer aussi la docilité, obéir à vos
parents et à vos maîtres, qui sont responsables devant Dieu de votre conduite, et vous soumettre à la

règle qui est établie dans l'intérêt et pour le bien de tous.

Vous devez pratiquer la modestie, c'est-à-dire l'humilité chrétienne, qui rendra plus facile et plus méritoire votre obéissance; car Dieu *donne sa grâce aux humbles.*

Toute la vertu, dit Fénélon, consiste essentiellement dans la bonne volonté. C'est ce que Jésus-Christ nous fait entendre en disant : *Le royaume de Dieu est au dedans de vous.* Il n'est pas question de savoir beaucoup, d'avoir de grands talents, ni même de faire de grandes actions ; il ne faut qu'avoir un cœur et aimer.

Aimez surtout, aimez vos maîtres. Avec l'amour *le joug est léger.* Celui qui aime son maître, aime sa parole et profite mieux de son enseignement.

Recevez sans colère et avec reconnaissance les réprimandes et les punitions. *Celui qui observe la discipline est dans le chemin de la vie; celui qui méprise les réprimandes, marche à sa perte.* (Prov. de Salomon, ch. 10, v. 17.)

PRATIQUE.

1. Ne pas s'habituer aux petites fautes. — Pratiquer la piété, afin de les mieux voir.

2. Ne pas hésiter à déclarer soi-même le bruit, le

désordre, les dégradations, le mal que l'on aurait pu causer.

3. Ne point faire de rapports sur ses condisciples.

4. Ne point détériorer les effets de ses condisciples ni ceux qui appartiennent à la maison.

5. N'inscrire son nom ni sur les tables, ni sur les bancs, ni sur les murs.

6. Quand on est rappelé à l'ordre ou puni, se soumettre avec docilité, sans observations et sans réplique, quand même on serait innocent, et sacrifier sa satisfaction privée à l'ordre général.

7. Ne pas hésiter à présenter des excuses à toutes les personnes qu'on aurait offensées, maîtres ou domestiques.

8. Observer un silence absolu pendant les classes, pendant les études, les repas et les marches.

9. Se garder de rien jeter à ses condisciples, soit livres, papiers, règles, pain, etc.

10. Ne point leur passer de billets écrits, ni de dessins.

11. Sortir de la maison sans désordre.

12. Ne point poursuivre ni apostropher ses camarades à la sortie.

13. Ne point s'attrouper ni jouer dans le voisinage.

14. Ne se permettre aucun échange ni marché.

CHAPITRE III.

Amabilité et Politesse.

INSTRUCTION.

Nous devons nous prévenir mutuellement par des marques d'honnêteté, dit saint Paul, **et n'avoir les uns avec les autres qu'un cœur et qu'une âme.**

Le grand secret de l'amabilité, c'est d'aimer Dieu et de chercher à le faire aimer. Si vous aimez Dieu, si vous êtes *doux et humble de cœur*, vous serez prévenant et officieux à l'égard des autres, peu exigeant par rapport à ce qui vous est dû, appelant sur le prochain et sur vous la bénédiction divine. Et quand vos frères verront que, c'est parce que vous aimez Dieu, que vous portez *tous ces fruits de l'Esprit-Saint, la charité, la joie, la paix, la patience, l'humanité, la bonté, la longanimité, la douceur, la foi, la modestie,* ils voudront l'aimer à leur tour, et vous ne ferez tous ensemble *qu'un* avec Dieu, le père commun.

La rudesse et l'incivilité, dit Fleury dans son *Traité du choix des études*, ne se trouveront point dans un homme vertueux, parce qu'elles viennent ou d'orgueil, ou de mépris des autres, ou de paresse à s'instruire de ce qu'on leur doit et à se tenir proprement, ou de facilité à se mettre en colère, de sorte qu'il est impossible qu'un homme ne soit pas honnête et civil, s'il est humble, patient, charitable, modeste et soigneux.

Sans humilité, dit aussi Fénélon, il n'y a point de douceur véritable et constante. Tant que nous serons pleins de nous-mêmes, tout nous choquera en autrui. Soyons persuadés que rien ne nous est dû et alors rien ne nous aigrira.

PRATIQUE.

1. Témoigner aux maîtres, en toute occasion, soumission et respect.

2. Etre modeste, poli, obligeant envers tout le monde, parler avec bonté aux domestiques.

3. Accueillir un étranger en s'inclinant avec déférence, surtout si c'est un vieillard ; s'arrêter et se découvrir, si l'on est en récréation ; se lever, si l'on est en classe ; au dehors, saluer toutes les fois que le maître en donne l'exemple.

4. Se prévenir les uns les autres.

5. Point d'airs suffisants, de hauteur, de mépris, de raillerie, de susceptibilité.

6. S'abstenir de jeux grossiers ou dangereux, de tout jeu de hasard, etc.

7. Ne point donner de sobriquets à ses condisciples. — Ne point s'offenser ni s'émouvoir de ceux que l'on recevrait.

8. Saluer quand on entre en classe.

9. Se tenir la tête découverte quand un étranger ou un maître adresse la parole.

10. Ne pas appuyer ses coudes à table, soit dans les classes, soit au réfectoire.

11. Si l'on est debout, ne pas prendre de posture molle et nonchalante. — Si l'on est assis, se tenir convenablement sur le banc et n'y point poser les pieds.

CHAPITRE IV.

Ordre et Propreté.

INSTRUCTION.

L'ÉCOLIER qui n'a ni ordre ni propreté, est aussi malheureux que le paresseux. Le pauvre enfant! Comment fera-t-il son devoir? Il manque de papier, il manque de plume, il manque d'encre, il a oublié les livres dont il a besoin; il n'a pu prendre la dictée du devoir, parce qu'il est arrivé trop tard la veille. Enfin, grâce à l'obligeance de plusieurs camarades, il commence son travail. Mais voilà que ses manches pleines de poussière ont sali son papier; voilà que ses doigts barbouillés d'encre ont fait force taches. L'heure sonne. Le devoir n'est qu'à moitié ou n'est pas présentable. Demain cet enfant sans ordre et sans propreté sera puni comme le paresseux.

Du temps pour chaque chose, chaque chose à son temps.

Une place pour chaque chose, chaque chose à sa place.

Que vos mains soient propres et blanches comme le papier sur lequel vous écrivez. Que la propreté brille surtout sur votre visage, ce miroir de l'âme, ce miroir de vérité. La main qu'on présente à un ami, le front qu'on présente à son père pour recevoir sa bénédiction, seront-ils salis et barbouillés?

Rougissez, non pas d'avoir des habits simples et modestes, mais d'en avoir qui soient sales, déchirés ou en désordre.

Il n'y a pas une chose, quelque petite qu'elle soit, que l'ordre ne conserve et ne fasse valoir, que la propreté n'embellisse et ne relève.

PRATIQUE.

1. Se présenter aux classes aux heures indiquées, et ne pas s'y tenir en l'absence du professeur.

2. Etre toujours muni de livres, papier, plume, encre, crayon, règle, etc.

3. Ecouter attentivement et se rappeler que les paroles du professeur s'adressent à tous les élèves.

4. S'interdire absolument toute lecture ou occupation étrangère aux classes, même pendant les études.

5. Ne quitter sa place qu'avec permission.

6. Ne point toucher aux poêles ni aux quinquets.

7. Ne point jeter de papier sous les tables.

8. Ne point manger pendant les classes ou les études.

9. Ne renfermer dans les cassettes que les objets nécessaires à la classe.

10. A la fin des classes et des études, attendre le signal pour ranger les livres et les papiers, et ne rien laisser hors des cassettes.

11. Quand la cloche annoncera la fin de la récréation, cesser les jeux à l'instant même et reprendre dans les rangs la place habituelle.

12. Inscrire en tête du devoir son nom et le quantième du mois.

13. Ne pas faire au dernier moment le devoir donné en classe, surtout quand il y a des jours de congé; s'en occuper dans l'étude qui suit la dictée du devoir.

14. Ne perdre une classe ou une étude qu'après en avoir obtenu la permission.

15. Ne se charger d'aucune commission pour les élèves internes.

16. Se laver les mains avant le repas du midi.

17. Ne point perdre ou jeter de pain à table.

18. Ne point répandre de boisson.

19. Ne point manger avec précipitation ni trop lentement.

20. Se servir à son tour et sans gourmandise. — Ne prendre dans son assiette que ce que l'on peut achever.

21. Ne pas faire de bruit avec le couteau et la fourchette.

CHAPITRE V.

Travail.

INSTRUCTION.

NE ressemblez pas au *paresseux* de l'Ecriture, qui veut et ne veut pas ; qui veut de loin ce qu'il faut vouloir, et à qui les mains tombent de langueur, dès qu'il regarde le travail de près (*Fénélon.*)

Paresseux, allez à la fourmi. Considérez ce qu'elle fait, et apprenez d'elle à être sage. Quoiqu'elle n'ait ni chef, ni conducteur, ni maitre, elle ne laisse pas, pendant l'été, de faire sa provision pour l'hiver, où l'on ne moissonne point. (Prov. de *Salomon*, ch. 6, v. 6, 7 et 8).

L'homme naît pour le travail, dit l'Ecriture ; travaillez donc, enfants, et bénissez Dieu qui vous permet le travail de l'intelligence, tandis que tant d'enfants de votre âge travaillent à la sueur de leur corps dès le point du jour et jusqu'après votre coucher.

2

Travaillez en vérité, en conscience, en vue de plaire à Dieu, en vue de le servir, de servir la société et de satisfaire vos parents qui s'imposent des sacrifices pour votre éducation. Ces saintes dispositions doubleront votre ardeur ; et si votre intelligence ne vous permet pas de parvenir à une très-haute instruction, vous acquerrez du moins, par l'habitude d'un travail exact et consciencieux, la pratique de la vérité et de la vertu, bien plus précieuse que la science.

PRATIQUE.

1. Témoigner par le soin apporté à l'écriture des devoirs, qu'on les fait avec goût ; mais considérer avant tout le travail mental, le travail réfléchi et opiniâtre, comme le seul efficace et véritablement fécond.

2. Apporter une exactitude parfaite dans la copie des textes, et se rappeler qu'on serait sans excuse si un travail de cette nature n'était pas tout-à-fait irréprochable.

3. Pendant la correction des devoirs, ne point prendre de notes écrites et donner toute son attention aux explications, afin de reproduire le corrigé le plus fidèlement possible, en s'imposant un nouveau travail de réflexion.

4. Outre les études qui suivent les classes du matin et du soir, les élèves des cours supérieurs devront trouver avant chaque classe le temps nécessaire pour les leçons de mémoire et la préparation des auteurs.

5. Tenir ses cahiers avec le plus grand soin, et ne pas prendre de notes sur des brouillons ou des feuilles détachées.

6. Ne rien écrire au crayon et se rappeler qu'une dictée nette et exacte est la première condition d'un bon devoir.

CHAPITRE VI.

Leçons de Mémoire.

INSTRUCTION.

PARMI les facultés de l'intelligence, la mémoire doit être exercée la première. C'est, dit Quintilien, la principale marque d'esprit dans l'enfance. On sent d'ailleurs que le cerveau n'étant pas encore plein d'idées, doit avoir une extrême aptitude à les recevoir et une grande puissance à les retenir. Aussi, ne doit-on faire apprendre aux enfants que les meilleurs modèles, tant pour la morale que pour le goût, afin de leur perfectionner le cœur et l'esprit. Plus tard, sans effort et presque à leur insu, ils puiseront à ce fonds qui leur sera devenu propre. Les sentiments, les expressions, les tours, les figures, se présenteront d'eux-mêmes. Ce que nous appelons bonheur d'expression, n'est sans doute qu'un effet de la mémoire.

Le grand art pour se fortifier la mémoire, c'est le travail et l'exercice. Rien n'augmente, ni ne se fortifie tant par le soin; rien ne diminue, ni ne s'affaiblit tant par la négligence.

Commencez à étudier dès la veille ce que vous devez réciter le lendemain. Il est étonnant, dit Quintilien, combien une nuit d'intervalle affermit les idées.

Méditez d'abord ce que vous voulez savoir par cœur; puis, quand vous l'aurez compris et que vous aurez saisi le fil des idées, apprenez littéralement.

Que ceux qui n'ont pas la mémoire prompte, se consolent en songeant que, plus ils font d'efforts, plus ils sauront à fond et d'une manière durable.

PRATIQUE.

1. S'attacher à bien comprendre ce que l'on étudie; chercher dans le dictionnaire les mots dont on ne connaîtrait pas la signification.

2. N'apprendre les phrases et la lettre qu'après avoir bien saisi les idées générales.

3. Réciter les leçons d'une manière sentie et intelligente, qui prouve qu'on n'a pas appris du bout des lèvres, mais véritablement de cœur et avec réflexion.

4. Se tenir toujours prêt à suivre la récitation au signal donné par le professeur.

5. Profiter de ses loisirs pour revoir à diverses reprises ce qui a déjà été récité, et pour se familiariser
d'avance avec les morceaux qui seront mis plus tard
à l'étude. Étudier ou lire au moins la veille les leçons
du lendemain. — Etre bien persuadé qu'une méditation intelligente, des répétitions fréquentes et opi-
niâtres donnent seules un savoir solide et durable.

CHAPITRE VII.

Travail volontaire et Préparation.

INSTRUCTION.

LE travail obligatoire pour tous est donné en
raison de la force moyenne des élèves. Il en résulte
que les plus capables et les plus laborieux pourront
se livrer à quelques exercices supplémentaires. Nous
conseillons à ces esprits plus vigoureux et plus avides
deux genres d'exercices qui leur seront très-utiles.

1.º La lecture de nos grands écrivains, dont ils
nous présenteront des résumés et des analyses;

2.º La traduction d'auteurs grecs, latins, etc., of-
frant peu de difficulté pour le sens et dont la version
leur formera le style.

Ces exercices qu'ils s'imposeront volontairement
leur procureront une jouissance vive, celle d'un
travail libre et consciencieux, et ne pourront qu'af-
fermir leur caractère et augmenter leur force morale.

Nous les engageons à offrir humblement à Dieu ce travail qui est le fruit des dispositions heureuses qu'il leur a départies et qu'ils doivent employer à sa gloire, à la satisfaction de leurs familles et à l'avantage de la société.

Nous recommandons avec non moins d'instances des préparations consciencieuses et réfléchies. Que nos élèves se pénètrent bien de cette vérité que la Providence ne nous accorde rien, si nous ne faisons intervenir notre labeur et nos efforts. Un élève qui se bornerait à l'audition passive de la classe et à une répétition facile, ne doit pas obtenir les mêmes résultats que s'il mettait en jeu toute l'activité de sa pensée et la puissance de sa réflexion.

PRATIQUE.

1. Considérer ce travail comme un moyen de prouver à ses maîtres toute son ardeur et son désir de bien faire. — L'offrir à Dieu comme un acte d'amour et de liberté. — S'accoutumer ainsi à faire le bien pour le bien et sans avoir en vue aucune récompense.

2. Par suite de la destination qui lui est donnée, ce travail doit être rendu parfait autant que possible, et conservé religieusement par l'élève comme un souvenir de ses études.

3. Considérer de la même manière les préparations mentales qu'on ne peut constater matériellement et qui sont abandonnées à la conscience de chacun.

4. En prendre l'habitude pour tous les exercices.

CHAPITRE VIII.

Punitions et Amendement.

INSTRUCTION.

LE juste tombera sept fois et se relèvera. (*Ecri-*
ture.)

Il y aura plus de joie dans le ciel pour un pécheur
converti que pour cent justes (*Ecriture.*)

Quand vous avez donné un mauvais exemple en
vous mettant en faute, il faut en donner un bon en
recevant avec docilité et reconnaissance les remontrances qui vous sont faites.

A la tâche qui vous est imposée comme expiation
de votre faute, ajoutez une tâche volontaire en signe
de repentir.

L'INNOCENCE ET LE REPENTIR.

On dit que la Vertu, dans son palais, un jour,
    Voulut réunir sa famille.
Dès le matin, paraît l'Innocence, sa fille,
Qu'accompagnent de loin le Respect et l'Amour.

De simples grâces ornée,
De roses blanches couronnée,
Et tenant un lis à la main,
Elle entre... Quel œil pur! quel front calme et serein!
En la voyant aussi parfaite,
La Vertu tendrement sourit,
Et tout le palais retentit
De chants de triomphe et de fête.
Le soir, arrive un inconnu,
Pâle, qui lève au ciel une paupière humide
Et s'avance d'un pas incertain et timide,
Comme s'il redoutait de n'être pas reçu;
Sur ses traits est empreinte une douleur amère.
« Ah! c'est le repentir si longtemps attendu,
Dit avec douceur la Vertu;
» Ne le rebutez pas, je suis aussi sa mère. »

PRATIQUE.

1. Ne pas se laisser aller au découragement; ne pas croire surtout qu'on ait perdu l'affection de ses maîtres.

2. Témoigner son repentir par le soin apporté à l'écriture des tâches de punition, en même temps que par l'exactitude de l'orthographe, — et avant tout, en faisant des efforts pour se corriger.

3. S'imposer à soi-même une tâche de punition volontaire, et choisir de préférence, soit quelque instruction morale et édifiante, soit la copie de la partie du règlement que l'on n'aura pas observée.

4. Venir très-exactement à l'heure de la retenue,

et suivre avec la **plus grande attention** la dictée qui est faite.

5. Ne pas s'exposer plusieurs fois de suite à une punition aussi grave.

6. Ne pas la subir comme par habitude et par manière d'acquit.

CHAPITRE IX.

Ecriture et Dessin.

INSTRUCTION.

C'est du Ciel que nous vient cet art ingénieux
De peindre la parole et de parler aux yeux,
Et par les traits divers de figures tracées
De donner des couleurs et du corps aux pensées.

BREBEUF.

PAR les soins qu'il porte à son écriture, l'élève montre qu'il a le désir de bien faire et qu'il veut rendre son travail net, clair et digne de l'attention de son maître.

Que les élèves qui réussissent moins dans les exercices de mémoire ou d'intelligence, redoublent d'efforts dans les arts d'imitation et saisissent ce moyen de prouver leur amour du travail et leur bonne volonté.

Si vous vous accoutumez à écrire sans soins et sans propreté, vous contracterez en même temps des habitudes funestes de désordre, et d'un esprit brouillon et ennemi du bien.

3*

Il faut au moins exceller d'abord dans les choses simples et faciles, si l'on a la prétention de réussir plus tard dans les choses difficiles et grandes. Par l'un, on mérite d'arriver à l'autre.

Le dessin, qui n'est d'abord qu'une copie, sert plus tard notre imagination et anime par le crayon ou le pinceau les créations de notre esprit.

PRATIQUE.

1. Avoir un cahier particulier pour l'écriture.

2. Suivre rigoureusement les principes de la méthode enseignée.

3. Observer dans tous les exercices de la classe le même genre d'écriture.

4. Ne point passer capricieusement de l'anglaise à la ronde ou à une écriture de fantaisie.

5. Séparer les mots par des intervalles.

6. Ne point négliger les majuscules, les traits d'union, les accents, les trémas, la ponctuation.

7. Ne point charger ses cahiers de traits, de dessins, de paraphes, etc.

8. Ne point faire de dessins grotesques ni de caricatures.

9. Soigner l'exécution de ses dessins et en faire des œuvres de patience et de goût sous le rapport du fini et de l'expression. — Les offrir à sa mère, à ses sœurs.

CHAPITRE X.

Lecture.

INSTRUCTION.

BIEN lire, c'est bien sentir, et bien faire sentir aux autres.

La lecture est un exercice logique et littéraire. Un bon lecteur se pénètre d'abord de la pensée générale de la pièce qu'il doit lire; il la fait ressortir dès le début et dans tous les traits qui la caractérisent. Il a soin de bien marquer les divisions du sujet. Il donne aux propositions principales, aux propositions dépendantes et aux parties de chaque proposition, leur importance relative. Il détache le sujet et ce qui s'y rapporte, du verbe et de l'attribut.

Il ne fait point ses repos à des intervalles également mesurés. Il s'arrête plus ou moins fréquemment, plus ou moins longtemps, selon le besoin du sens et l'effet qu'il veut produire.

Il évite une psalmodie monotone ; tantôt il élève la voix, tantôt il la modère ou la baisse, selon l'importance des idées, le mouvement du style et la nature des sentiments.

Il faut lire comme parlent ceux qui sentent vivement, et qui ont dans le langage une simplicité noble, unie à quelque chose de doux et d'entraînant.

***

PRATIQUE.

1. Faire chez soi une étude préparatoire des n... ceaux qui doivent être lus ou récités en classe, afin de donner à chacun le caractère qui lui convient.

2. Les débiter à haute voix à plusieurs reprises.

3. Ne jamais perdre de vue qu'on doit prendre le ton nécessaire pour être entendu de toute la classe.

4. Dans les dialogues et dans les discours, se mettre toujours à la place de celui qui parle.

5. Dans les autres morceaux, parler comme si l'on composait soi-même.

6. Consulter souvent pour la prononciation le tableau indicateur de la valeur des sons.

7. Observer une bonne prononciation non-seulement dans la lecture, mais aussi dans tous les exercices de classe et dans les conversations familières.

CHAPITRE XI.

Musique.

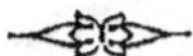

INSTRUCTION.

Par la parole, l'homme exprime sa pensée, ses sentiments particuliers. — Par le chant, les hommes parlent en commun. — A l'aide des instruments, ils font, pour ainsi dire, parler, gémir, murmurer toute la nature.

N'oublions pas de faire remonter ce bienfait à sa source. N'oublions pas, au milieu de nos chants, l'Auteur de toutes les harmonies. N'oublions pas que c'est lui qui met dans le cœur du juste un chant perpétuel, par lequel il participe au sublime concert et à l'harmonie générale de la nature.

« Justes, s'écrie David, célébrez le Seigneur dans des transports de joie : c'est aux cœurs droits de chanter ses louanges. (Ps. 32, v. 1.)

» Il est bon de louer le Seigneur et de chanter des hymnes à la gloire de son nom.

» Il est bon de publier dès l'aurore la miséricorde du Seigneur et sa vérité durant la nuit. (Ps. 91, v. 1, 2, 3.)

» Enfants, louez le Seigneur, louez le Nom du Seigneur.

» Célébrons le Nom du Seigneur aujourd'hui et dans tous les siècles.

» De l'Orient jusqu'à l'Occident, le Nom du Seigneur est digne de louange.

» Le Seigneur domine toutes les nations; sa gloire est au-dessus des Cieux.

» Qui est comme Dieu Notre-Seigneur? Il habite aux lieux les plus élevés, et ses regards s'abaissent sur les cieux et sur la terre.

» Il relève le pauvre de la poussière, et l'indigent de son fumier, pour le faire asseoir entre les princes, entre les princes de son peuple. (Ps. 112, v. 1, 2, 3, 4, 5, 6, 7.)

» Louez le Seigneur, habitants de la terre ; vous, dragons, vous, abîmes des cieux,

» Feu, grêle, neige, glace, tourbillons et tempêtes qui obéissez à sa parole,

» Montagnes et collines, arbres fruitiers et cèdres, bêtes sauvages, troupeaux, reptiles, oiseaux du ciel,

» Rois du monde, peuples, princes et juges de la terre,

» Jeunes gens, vierges, enfants et vieillards, louez

le Nom du Seigneur ; son Nom seul est grand. »
(Ps. 148 , v. 7, 8 , 9, 10, 11.)

PRATIQUE.

1. Consacrer à Dieu les dispositions heureuses dont on pourrait être doué.

2. Ne point en être vain ni orgueilleux.

3. Ne jamais souiller ses lèvres d'aucun chant qui puisse blesser l'innocence.

4. Si l'on a peu d'aptitude pour la musique, ne point se décourager trop vite ni renoncer à un art qui cultive l'organe le plus précieux de l'homme. — Cependant, ne point y donner trop de temps au détriment des autres études.

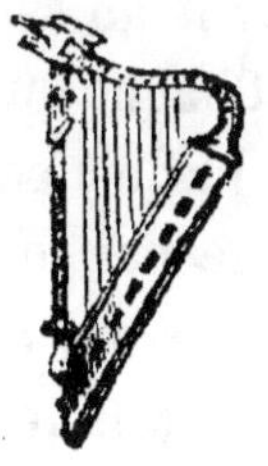

CHAPITRE XII.

Du Perfectionnement.

INSTRUCTION.

L'humilité est le premier principe de tout perfectionnement, et l'amour en est le second. Celui qui est orgueilleux ne s'imagine pas que rien lui manque, et celui qui n'aime point, ne trouve en lui ni force ni inspiration. L'épi n'est d'abord qu'une graine cachée et mystérieuse qui pourrit au sein de la terre; puis, il s'élève vers le Ciel. Chaque jour le voit insensiblement croître et mûrir, jusqu'à ce que son grain riche et abondant récompense par le pur froment le laboureur qui l'a semé, arrosé de sa sueur, et préservé de l'ivraie qui menaçait de l'étouffer.

Soyez donc humbles, chers enfants, élevez vos pensées vers le Ciel, ne passez pas un seul jour sans croître en vertu et en sagesse, afin d'être plus tard le trésor et la joie de vos parents et de vos maîtres qui ont cultivé vos jeunes esprits avec tant d'amour et de patience, et les ont garantis du souffle impur du vice.

Ne vous effrayez point si la tâche vous paraît rude, et ne vous laissez pas décourager par la vue de vos défauts et la supériorité de vos condisciples. Il ne nous est pas prescrit de vaincre le prochain en science, en talent ni même en bonté ; mais bien de nous vaincre nous-même et de nous améliorer chaque jour, quel que soit notre état d'imperfection.

« Si chaque année nous déracinions seulement un vice, nous deviendrions bientôt des hommes parfaits.

» Si nous nous faisions au commencement tant soit peu de violence, nous pourrions tout faire ensuite avec facilité et avec joie.

» Il est dur de se défaire d'une habitude ; mais il est bien plus dur d'avoir à combattre et à contredire en tout sa propre volonté.

» Si donc vous ne surmontez pas à présent les petites difficultés, quand viendrez-vous à bout des plus grandes ? » (*Imitation*, *liv.* 1er *chap.* xi.)

Il n'y a de vrai repos de conscience, et de mérite certain, qu'en ce qu'on fait pour Dieu et contre soi-même.

———

PRATIQUE.

1. Se représenter souvent que toute la vie consiste à lutter plutôt avec soi-même qu'avec autrui.

2. Appeler son attention sur ses mauvaises habitudes, les combattre avec persévérance.

3. Ne pas s'attacher seulement au travail qui plaît, mais se fortifier dans les parties où l'on est le plus faible.

4. Consulter ses maîtres pour savoir en quelle partie surtout on doit tâcher de s'améliorer.

5. Ne point croire que tout est fait, si l'on a dépassé ses compagnons dans les différentes facultés. On sait que ce n'est pas de cela qu'il s'agit, mais plutôt de se surpasser soi-même.

6. Songer que, plus les connaissances s'étendent, plus l'horizon s'agrandit et nous découvre de pays inconnus.

7. En résumé, croître à la fois en sagesse et en science, et s'élever de plus en plus vers Dieu, notre principe et notre fin.

CHAPITRE XIII.

Perfection.

INSTRUCTION.

Soyez parfaits, comme votre Père céleste est parfait. Tel est le précepte de l'Evangile.

Vous atteindrez cette perfection, si vous accomplissez scrupuleusement tous vos devoirs, vous efforçant d'être chaque jour meilleur que la veille;

Si vous pratiquez la vérité, vous conduisant en vue de plaire à Dieu qui voit toutes vos actions, qui entend toutes vos paroles, qui connaît toutes vos pensées;

Si vous pratiquez la docilité qui rend l'obéissance agréable, et l'humilité qui la rend parfaite;

Si vous sanctifiez votre travail en l'acceptant comme une loi de Dieu, et comme un moyen de satisfaire vos parents;

Si vous avez la tenacité et la persévérance qui parviennent à vaincre les mémoires les plus rebelles;

Si vous vous habituez à l'ordre qui tire parti de chaque instant et de chaque chose, et à la propreté qui décore et embellit tout ;

Si vous vous rendez aimable et poli, aimant Dieu et le faisant aimer, vous acquittant envers chacun des égards qui lui sont dûs ;

Enfin, si vous attirez sur vous la grâce de Dieu par la prière, la pratique de vos devoirs religieux et les bonnes œuvres.

Le véritable ressort de notre perfection est renfermé dans cette parole que Dieu dit autrefois à Abraham : *Marchez en ma présence, et vous serez parfait.*

PRATIQUE.

Se mettre continuellement en la présence de Dieu, et chercher à lui plaire dans toutes ses actions.

DIVISION DU TEMPS

POUR LES PENSIONNAIRES.

(Il serait désirable qu'elle fût observée , autant que possible, dans les familles pour les élèves externes.)

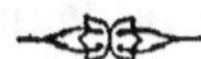

LUNDI , MARDI , MERCREDI , VENDREDI , SAMEDI.

heures.

5 *   Lever.

5 '/₂   Etude. — Prière.

7 '/₂   Déjeûner. — Récréation.

8   Classe.

10   Récréation.

10 '/₄   Etude.

Midi.   Dessin, musique, danse, etc.

1   Dîner. — Récréation.

1 '/₄   Etude.

2 '/₂   Classe.

* En hiver, le lever a lieu à cinq heures et demie.

4*

4 '/₂   Goûter. — Récréation.
5   Etude.
7 '/₂   Récréation.
8   Souper. — Récréation.
8 '/₂   Prière. — Coucher.

JEUDI.

heures,

5 ⎫
   ⎬ Comme au 1ᵉʳ tableau.
7 '/₂ ⎭
8   Messe.
9   Classe.

10   ⎫
      ⎪
10 '/₄ ⎬ Comme au 1ᵉʳ tableau.
Midi ⎪
1   ⎭
2   Etude ou retenue.
4   Goûter. — Récréation.
5   Etude ou promenade.
7 '/₂ ⎫
8   ⎬ Comme au 1ᵉʳ tableau.
8 '/₂ ⎭

DIMANCHE.

heures.

5
5 ¹/₂ } Comme au 1ᵉʳ tableau.

8 ¹/₂   Déjeûner. — Toilette. — Récréation.
10   Messe.
Midi   Récréation ou Retenue.
1   Diner.
1 ¹/₄   Récréation.
2   Etude.
3   Office.
5   Goûter.
5 ¹/₂   Etude ou Promenade.
7 ¹/₂
8   } Comme au 1ᵉʳ tableau.
8 ¹/₂

RÈGLEMENT

POUR LA CONDUITE HORS DE L'ÉTABLISSEMENT

et particulièrement

POUR LES VACANCES.

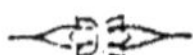

Declina à malo et fac bonum. (Ps. 26.)

Declina à malo. — Ce que l'on doit éviter :

1.º L'oisiveté, source de tout mal.

2.º Le respect humain qui fait souvent rougir de Dieu et de la religion, et qui peut entraîner aux derniers excès les âmes faibles et lâches.

3.º Le découragement qui vient à la suite d'une première faute.

4.º Les sociétés, les promenades, les chansons, les gravures, les livres qui pourraient porter atteinte à l'innocence.

Fac bonum. — Ce que l'on doit observer

ENVERS DIEU.

1.º Redoubler de ferveur dans la prière et dans l'accomplissement de ses devoirs religieux à cause des dissipations et des périls des vacances. Se mettre sous la garde de la sainte Vierge, patronne des vacances, des saints Anges, et des Saints dont on porte le nom. Réciter souvent la prière suivante pour persévérer dans l'innocence : « Par votre sainte Virginité et par votre immaculée Conception, obtenez-moi, Vierge très-chaste, la pureté de l'âme et du corps. »

2.º Le matin, dès le lever, prière. — Une bonne résolution. — La messe du jeudi et du samedi serait d'un grand secours. — Faire chaque jour une lecture édifiante ; lire, par exemple : Les *Ecoliers vertueux*, le *Modèle des Jeunes Gens*, les *Annales de la Propagation de la Foi*, les *Mœurs des Israélites et des Chrétiens*, ou tout autre livre conseillé par le confesseur. — Le soir, prière et les litanies de la sainte Vierge pour les besoins de la famille. — Examen de conscience bien réfléchi. — Acte de contrition.

3.º Commencer et clore les vacances en s'approchant des Sacrements de Pénitence et d'Eucharistie.

ENVERS LE PROCHAIN.

1.º Envers les parents : Respect, docilité, prévenances.

2.º Envers les frères et sœurs : Attention, complaisance, soins tendres et délicats.

3.º Envers les domestiques : Reconnaissance, affection, bonté, — respect, surtout s'ils sont vieux.

4.º Envers les étrangers : Discrétion, retenue. — Avec les jeunes gens : En faire un bon choix. Ne se livrer à eux qu'avec réserve et éviter les manières trop familières.

5.º En général : Charité, complaisance, politesse dans les manières comme dans les paroles.

ENVERS SOI-MÊME.

1.º Se lever et se coucher à des heures fixes, avec modestie et piété.

2.º Etudier chaque matin à une heure déterminée. S'y occuper d'abord du devoir des vacances. — Faire une bonne lecture. — S'imposer comme devoir volontaire une révision des auteurs expliqués, et, si l'on est un peu fort, une préparation des auteurs qu'on expliquera l'année suivante.

TABLE.

FIN.

L'ÉCOLIER PARFAIT.

Théotime est un écolier parfait. La crainte qu'il a de déplaire à Dieu le soutient sans cesse et lui donne l'horreur du mal.

Il sait que Dieu le voit, que Dieu l'entend, connaît ses pensées, sourit à ses bonnes actions, lui tend la main, l'appelle, et il s'efforce d'être agréable à ce bon Père qui veille sur lui sans cesse.

Il sait qu'il possède une âme créée à l'image de Dieu même, et il ne veut pas laisser altérer cette divine image.

Il reçoit avec amour l'instruction religieuse, la sagesse des siècles, la parole de Dieu; par ce moyen, il forme sa conscience et éclaire sa volonté.

Par la prière et par la pratique de la religion, il vit, pour ainsi dire, avec Dieu, avec les anges, avec les justes de tous les temps et de tous les lieux, alimente sa foi, acquiert une force invincible, et ainsi, sa volonté se fortifie; son âme est pure et ferme à la fois.

Fidèle au commandement de Dieu, il honore son père et sa mère. Il répond à leur amour par l'amour le plus tendre, et aux conseils de leur expérience, par une obéissance parfaite. L'amour et la docilité lui donnent la grâce et la sagesse.

Il voit dans les maîtres qui forment sa jeunesse, les représentants de ses parents. Il aime leur parole, et son esprit s'ouvre doucement à la science, comme son cœur s'est ouvert à la vertu.

Il sait que l'école est une préparation à la vie sociale et que l'honnête enfant fait l'honnête homme. — Aussi prend-il de bonne heure les habitudes et acquiert-il les qualités qui le feront estimer plus tard.

La vanité n'enfle point son cœur, parce qu'il n'étudie point en vue de lui-même et par l'appât des récompenses, mais pour la gloire de Dieu, en vue de lui plaire, et de mieux servir le prochain. Ce noble but lui fait vaincre tous les obstacles et l'empêche de se décourager jamais, quels que soient ses maîtres, quelles que soient les méthodes, quelles que soient les matières enseignées.

Il observe avec une fidélité scrupuleuse le règlement de sa classe, fruit de l'expérience de ses maîtres. Il n'étudie pas capricieusement, ne s'occupant que de ce qui lui plaît, laissant une chose inachevée pour passer à une autre; tous ses devoirs lui sont également chers, parce que ce sont des devoirs.

Il n'est pas moins fidèle à la manière d'étudier qui lui a été recommandée. Il ne se contente pas d'une étude littérale à heure fixe, de l'audition fugitive de la classe et d'une facile répétition d'après des notes écrites. Plusieurs jours d'avance, il se pénètre de ce qu'on doit lire, réciter ou expliquer. Il le médite, il se familiarise avec les expressions qu'il ne connaît point encore, cherche le sens et la portée morale de l'ensemble. Il résulte de cette préparation que sa lecture est plus sentie, sa récitation plus intelligente, et son explication plus approfondie et plus sûre.

Pendant l'explication de la classe, il ne prend pas de notes écrites; avant tout, il s'efforce de la comprendre. Aussi, quand il reproduit une seconde fois ce qui a été déjà expliqué, son travail est-il une nouvelle méditation.

De là, trois études accompagnées d'efforts de compréhension : la préparation mentale, l'explication de la classe, la reproduction écrite. De là, science acquise; car la science, ainsi que la vertu, est le prix de la peine et de l'effort.

Bien loin de ressembler au serviteur indifférent ou intéressé, il travaille avec amour, il fait plus que le devoir ; il va au delà de la loi, parce qu'il sait que l'amour de Dieu pour nous étant infini, nous ne saurions trop faire pour le reconnaître.

Outre les tâches obligatoires et communes, il s'impose un travail volontaire et particulier, pour le choix duquel il consulte ses maîtres. Ce travail de choix, il l'offre à Dieu, comme un acte d'amour et de liberté. L'habitude d'un travail libre donne l'essor à toutes ses facultés. Son cœur anime, échauffe, exalte son esprit, excite et colore son imagination, fait éclore la grâce et le sentiment. Son travail de chaque jour devient de plus en plus parfait, et son caractère de plus en plus ferme.

Il ne met point en lui-même une confiance présomptueuse. Dans les circonstances difficiles, il prend conseil de ses parents, de ses maîtres, de son directeur spirituel. Il ne lit d'ouvrages étrangers à ses études qu'après l'avis de ses supérieurs.

Plus sage que les enfants du siècle, il ne se destine point à une profession par cupidité ou désir de gloire. Il prie Dieu de l'éclairer sur sa vocation et s'estime heureux de pouvoir consacrer au service de la société les qualités qui lui ont été départies.

S'il lui arrive d'encourir quelques reproches de ses maîtres, il les reçoit avec docilité et reconnaissance.

Aux tâches de punition qui lui sont infligées, il ajoute des tâches volontaires, comme témoignage de repentir. Jamais il ne s'élève contre les remontrances qui lui sont adressées, même quand il ne les aurait point méritées. Il offre à Dieu la peine qu'il en ressent, et se garde bien d'accuser ses maîtres qui n'agissent que dans l'intérêt général de la classe.

Ses progrès dans les sciences et sa perfection morale rendraient peut-être ses condisciples envieux; mais Théotime est en toute occasion si complaisant, si généreux, si modeste, qu'il se fait aimer de tous et qu'il se fait pardonner sa supériorité. Dans les récréations, il est le défenseur du faible; il apaise les querelles; ce n'est pas vis-à-vis de lui qu'on proférerait une parole contraire à la décence ou à la piété. Sa présence répand partout la paix et le goût du bien.

Il n'est pas moins cher aux serviteurs qui l'ont élevé et à toutes les personnes d'humble condition avec lesquelles il a des rapports; car il les traite toujours avec les plus grands égards, sachant que les petits sont les amis de Dieu et que tous les hommes sont frères.

Sa politesse envers les étrangers et surtout envers les vieillards prévient sur-le-champ en sa faveur, et quand on apprend que c'est la piété de Théotime qui le rend aussi aimable, chacun loue et bénit Dieu.

Sa piété envers Marie lui conserve la pureté et l'innocence, le rend tendre et miséricordieux pour ceux qui sont dans l'infortune ; plus tard, s'il acquiert la richesse, il sera le père et le bienfaiteur des pauvres ; maintenant, il leur offre pieusement son obole et leur demande leur prière. Or, il a donné plus qu'une obole ; il a répandu le parfum de son innocence et le trésor de sa foi ; il a consolé et élevé vers le ciel des cœurs aigris et consternés.

Ainsi cet enfant vertueux édifie et rend meilleurs tous ceux qui l'entourent. Il attire vers lui et en même temps vers Dieu. C'est un enfant, et c'est un ange.

⚕ Lille, imp. de L. Lefort. 1846. ⚕